空鉄の世界

SORATETSU WORLD

空から見つめた鉄道情景

青森県 新青森駅特急スーパー白鳥

はじめに

鉄道はいつもすぐそこにあった。跨線橋の上、線路端、踏切。毎日毎日飽きずに列車を眺めて育ち、鉄道がそばにあることが当たり前の生活のひとつとなった。

日常は一瞬で過ぎ去る。そんな当然のことがどうしても気になって、10代の頃から旅を続けながら、6×6二眼レフカメラで「日常のいつもの鉄道」を切り取りはじめた。

空撮へと足を踏み入れると、小型機やヘリから鉄道を捉えた。私は空から捉えた鉄道を「空鉄（そらてつ）」と呼び、北から南、十数年飛び続けてきた。交差点を行き交う人びと、農作業、洗濯物干しなど、様々な日常の情景と出会ってきた。

私は空も地上も「いつもの鉄道」を追い続けている。どうしても日常が気になるようだ。

吉永陽一

一章　里

二章　まち

三章　都市

里

左／山形県 山形鉄道西大塚駅　右／秋田県 由利高原鉄道久保田駅

人は、街であったり山であったり、何処かに故郷(ふるさと)がある。私の故郷は見渡す限りのビル街。大都市で生まれ育ち、学生時代を除いてほとんど都市を離れたことがない。

だからなのか、旅をしているとついつい自分が思い描く故郷を探している。ビル街も田園も故郷は人それぞれ。故郷ってなんだろうなと思いながらシャッターを切っていく。人の温もりだろうか。

そういえば故郷は古里とも書く。古里は心の拠りどころという意味もあるそうだ。なるほど、私は心の拠りどころを追っているのかもしれない。

静岡県 大井川鐵道／ほぼ毎日、動態保存SLの走る大井川鐵道。C10形が川根茶の茶畑を駆けていく。

北海道 根室本線／日本三大車窓と謳われた狩勝峠は線路を移設した。半径500mカーブの新線。

北海道 札沼線／旅人から秘境駅と呼ばれる無人駅豊ヶ丘。誰も乗り降りしなかった。

いつもの列車
毎日の足
今日も列車は走る

左／北海道 江差線湯ノ岱駅（廃止）　右／福島県 只見線

日本各地を旅していると、列車が生活の足として活躍する場面によく出会う。登下校、買い物、通勤。運行数が片手で足りるほどのローカル線でも、大切なのは毎日の生活の足だ。私が普段使う山手線と同じように、山奥を走る路線でも、これがなければ生活が成り立たなくなる。当たり前すぎて気がつかないけれども、列車は毎日淡々と寡黙に走り続けている。特別なイベントや観光列車だけでなく、その姿が鉄道にとって一番輝いている瞬間だと思う。

富山県 立山砂防工事専用軌道／立山のカルデラ地帯の砂防ダム群を整備管理する工事用軌道。山腹を18段スイッチバックでジグザクに登る。

神奈川県 箱根登山鉄道／温泉地を結ぶ登山電車は、等高線に沿って半径30mの急カーブを曲がる。

大阪府 南海電鉄／大雨でいつもより多く大和川に堆積した土砂が、海岸の砂浜に見えた。まるで砂浜を突っ走る通勤電車だ。

まち

左／静岡県 天竜浜名湖鉄道天竜二俣駅　右／長野県 中央本線奈良井駅付近

人が集い住む街。そこに鉄道が敷かれて駅ができ、線路は街と街を結んで人の動きが活発になる。あるいは活発になった過去がある。

街と町、どちらを使えばいいのか迷うことがある。規模の大きさによって使い分けするのは分かるけど、その規模が微妙な時もある。列車に揺られながらそんなことをぼーっと考えていると、車窓に家々が見えてくる。さてここは「街」だろうか「町」だろうか、はたまたどんな雰囲気なのだろうか。興味は尽きない。

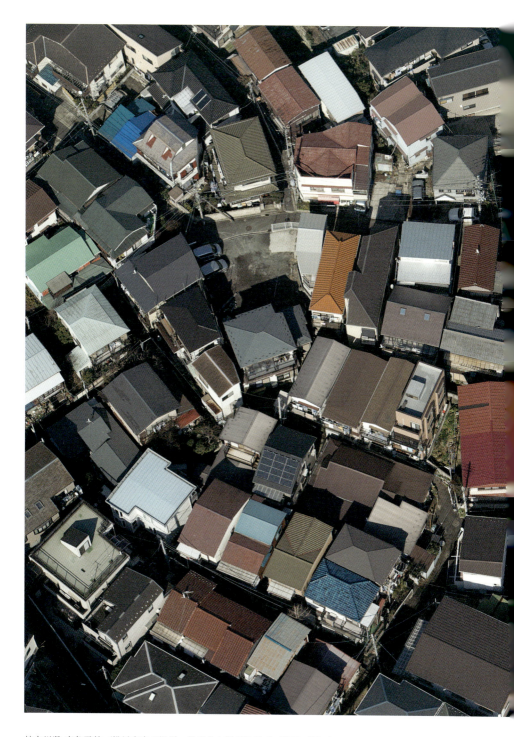

神奈川県 京急電鉄／横浜市内で撮影。住宅地を潜る電車が一瞬だけ顔を出す。

北海道 札沼線／上下列車が交換する石狩月形駅は、無人ではなく駅員さんがいる。ちょっと温かみを感じた。

愛知県 豊橋鉄道／車が赤信号でピタッと停まると、ソロソロと路面電車が直角に曲がっていく。

兵庫県 山陽本線／人もまばらな3月の須磨海岸。ラストランの寝台列車「特別なトワイライトエクスプレス」号が最後の雄姿を見せる。

宮城県 塩釜駅／住宅地に珍しくSLの汽笛が響いた。沿線に住む人びとが気になって橋に集まってくる。

一期一会
出会いと別れ

左／三重県 近鉄明星駅　右／茨城県（旧）鹿島鉄道車中

鉄道の写真を撮り始めて早20数年。いままで様々な出会いと別れがあった。路線の廃止も何度かあって、二度と撮ることができない場所もある。多くのものが消えていき、そしていまで想像出来なかったものが誕生してきた。

若いころ「一期一会を大切に」と言われてもピンとこなかったが、色々経験して積み重なってくると、その言葉に重みを感じるようになった。心踊る良いことも、苦虫を噛む悪いことも自分の糧になる。私は一期一会を大切にしていきたい。

東京都 西武鉄道／夏の日差しが照りつける住宅街。くっきりした雲影からヌッと黄色の電車が現れる。

東京都 東急電鉄／東京に雪が積もった。世田谷線の2両編成の電車が白銀の下高井戸駅へ到着する。

愛知県 豊橋鉄道／競輪場前停留場は線路が分岐して、アパート脇の路地裏のような場所に車両留置線がある。

神奈川県 小田急電鉄／団地群や住宅地がどこまでも広がるベッドタウンは鉄道の寝床でもある。

都市

左／東京都　東急電鉄・東京メトロ渋谷駅仮駅時代　右／東京都 東急電鉄渋谷駅地上時代

人が集まり住む場所が「まち」ならば、都市はなんだろう。国や地域の中心を成す基幹、仕事をする場所。とにかく数えきれないほど大勢の人びとが集中し、毎日膨大なエネルギーが消費される。

都市は活発だ。ターミナル駅であっても、再開発のためにいつの間にか駅ビルが消えていることもある。私は都心生まれだから慣れているはずなのに、人の動きが速すぎて、どうしてもついていけない。ついていけないから、目まぐるしく動く都市の狭間の脇道のような空間に入り込む。そこには、時間に取り残された空気が漂っていた。

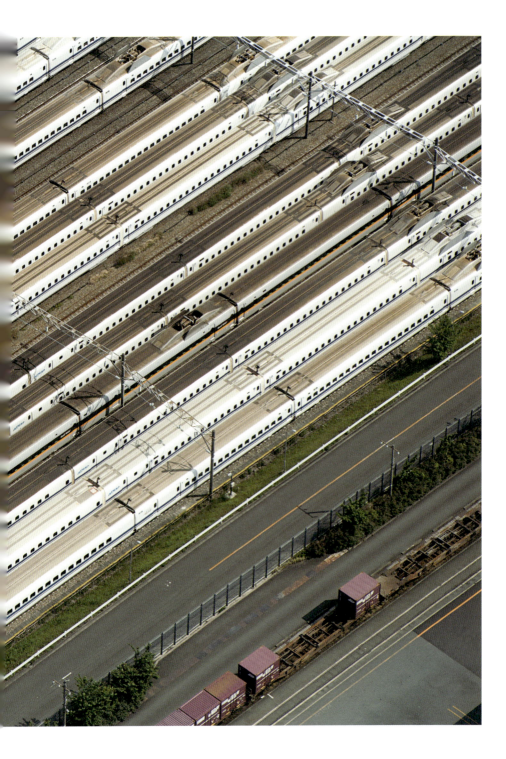

大阪府 東海道新幹線／几帳面にピシッと並ぶ新幹線は壮観だ。1編成だけ他とちょっと違う「ひかりレールスター」が休息する。鳥飼車両所にて。

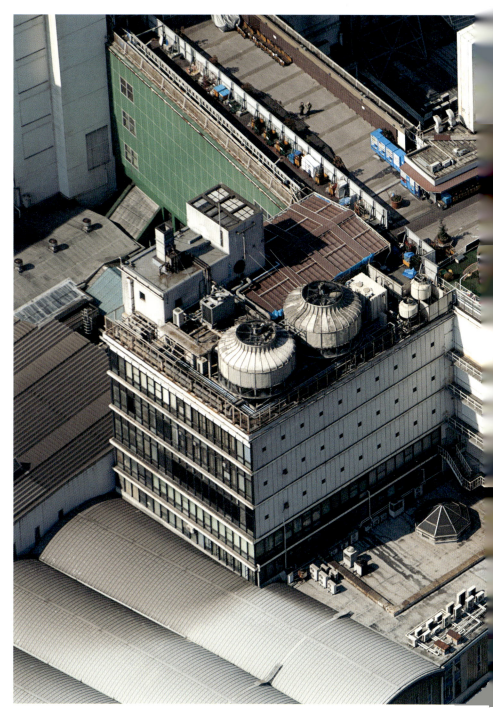

東京都 渋谷駅／この姿はもう二度と見ることができない。2010年ごろの再開発前の渋谷駅。屋上遊園地もいまは思い出。

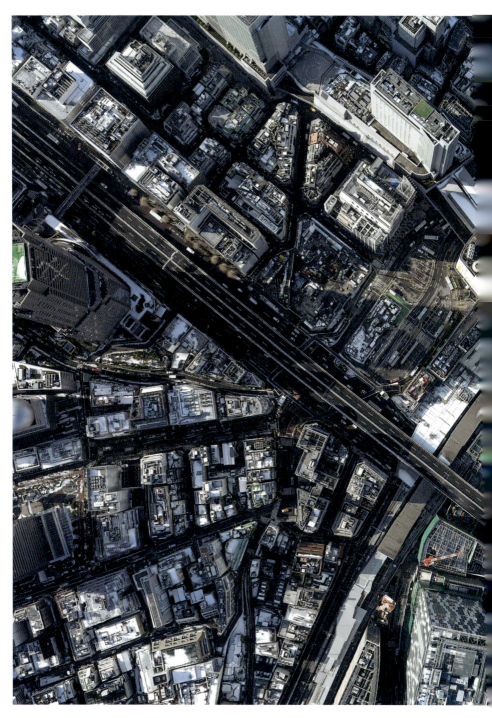

東京都 渋谷駅／2018年、再開発中の渋谷駅を真上から見る。前ページのデパートは跡形もなく、東急東横線ホーム跡には高層ビルが建設中だ。

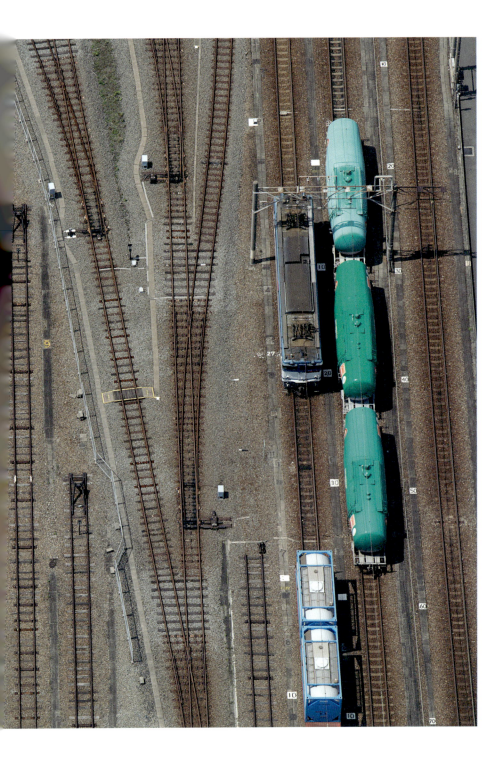

神奈川県 川崎貨物駅／物流の拠点の貨物駅には、昼夜問わずひっきりなしに貨物が行き交う。キャンディーのようにカラフルなタンク貨車。

東京都 中央線／ビルだらけの都会にもオアシスはある。都心のど真ん中、千駄ヶ谷駅。隣接する新宿御苑は桜が満開だった。

昨日あったものは
今日にはない
都市は
変化し続ける

左／神奈川県 横須賀線鎌倉駅　右／東京都 東急電鉄渋谷駅地上時代

　都市は常に進化し続けている。数年前まで当たり前だった光景が、数年もしたら全く違う姿となって現れる。私が生まれたときの情景の多くは消えてしまった。「ここには何があったっけ？」というのが常套句である。気に留めていなければ人知れず消えていく。
　都市間で大量輸送を担う列車や貨物もそうだ。ニューフェイスが生まれたと思ったら、あっという間に引退間近となったり、様々な形の貨車は機能的に統一された。進化はあっという間だ。

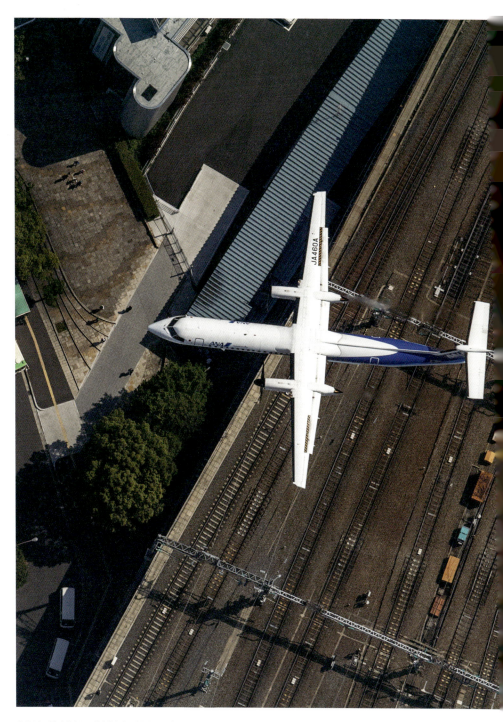

大阪府 新大阪駅／新大阪駅付近では伊丹空港着陸の旅客機が高度を下げる。こちらが高い高度から眼下を見下ろすと、ちょうど新幹線とプロペラ機がすれちがった。

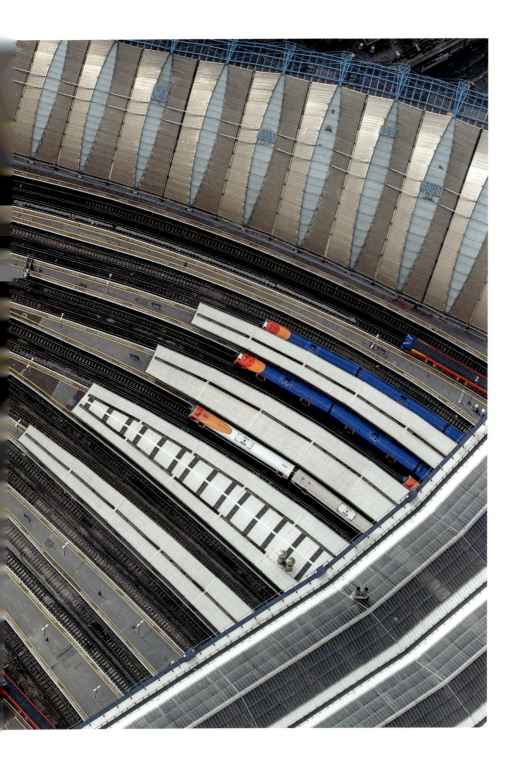

ロンドン ウォータールー駅／ロンドンは茶褐色の世界だ。レンガと鉄が多いからだろうか。電車は眩いほどカラフルで、そのギャップについつい見とれてしまった。

ひたちなか海浜鉄道 那珂湊駅／突然上空にやってきた飛行機に手を振るのは、乗客と「おらが湊鐵道応援団」の皆さん。

吉永陽一（よしながよういち）

1977年東京都生まれ。大阪芸術大学写真学科卒業後、建築模型製作会社スタッフを経て空撮会社へ。フリーランスとして空撮のキャリアを積む。長年の憧れであった鉄道空撮に挑戦し、2011年の初個展「空鉄（そらてつ）」を皮切りに、個展や書籍などで数々の空撮鉄道写真を発表。「空鉄」で注目を集める。空撮はもとより旅や鉄道などの紀行取材も行い、陸空で活躍。
http://www.fukuju-net.co.jp/

SORATETSU WORLD

空鉄の世界

空から見つめた鉄道情景

2018年5月10日　初版第1刷発行

著者	吉永陽一
発行人	石井聖也
編集	平本美帆
営業	片村昇一
発行所	株式会社日本写真企画
	〒104-0032 東京都中央区八丁堀3-25-10
	JR八丁堀ビル6階
	(03) 3551-2643
AD	草薙伸行 ●Planet Plan Design Works
デザイン	村田 亘 ●Planet Plan Design Works
印刷・製本	シナノ印刷株式会社

©2018 Youichi Yoshinaga
ISBN 978-4-86562-067-2　C0025　¥1000E
Printed in Japan
落丁・乱丁本はお取り替えいたします。